Impressum
Verlag: BABADADA GmbH, Nedderfeld 112 , 22529 Hamburg
Geschäftsführer / Verlagsleitung: Harald Hof
Druck: Books on Demand GmbH, In de Tarpen 42, 22848 Norderstedt

Imprint
Publisher: BABADADA GmbH, Nedderfeld 112 , 22529 Hamburg, Germany
Managing Director / Publishing direction: Harald Hof
Print: Books on Demand GmbH, In de Tarpen 42, 22848 Norderstedt, Germany

école

школа

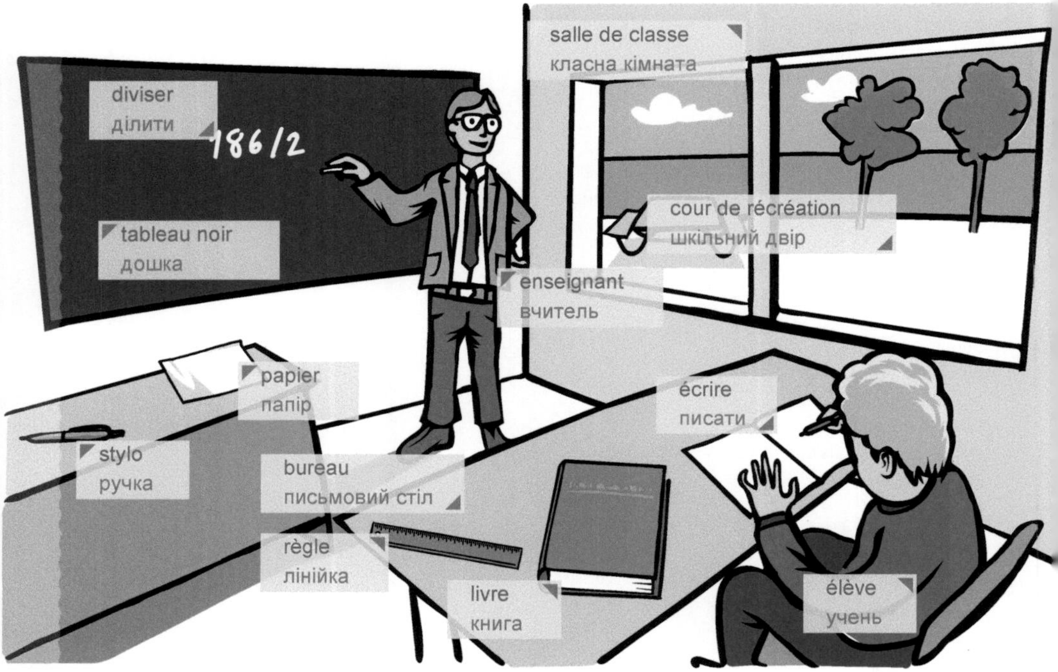

salle de classe
класна кімната
diviser
ділити
186/2
tableau noir
дошка
cour de récréation
шкільний двір
enseignant
вчитель
papier
папір
écrire
писати
stylo
ручка
bureau
письмовий стіл
règle
лінійка
livre
книга
élève
учень

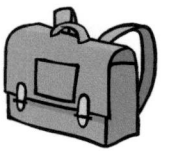

sac d'école

ранець

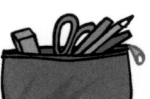

trousse

пенал

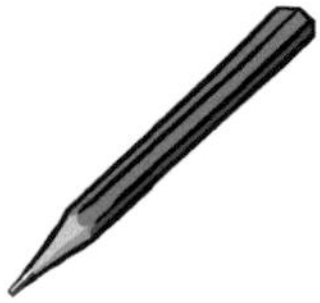

crayon

олівець

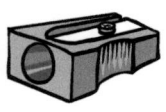

taille-crayon

точило

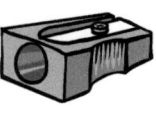

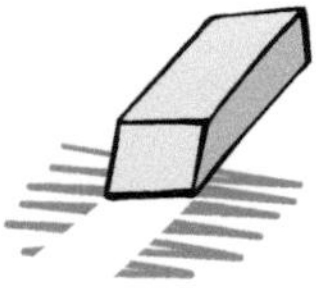

gomme

гумка

carnet à dessin

альбом для малювання

dessin

малюнок

pinceau

пензель

boîte de peinture

коробка фарб

ciseaux

ножиці

colle

клей

cahier d'exercices

зошит

tâches

домашнє завдання

chiffre

число

additionner

додавати

soustraire

віднімати

multiplier

множити

calculer

рахувати

lettre

літера

alphabet

абетка

mot

слово

texte

текст

lire

читати

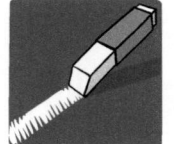

craie

крейда

leçon

година

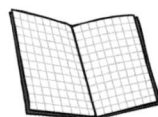

livre de classe

класний журнал

examen

екзамен

certificat

диплом

uniforme scolaire

шкільна форма

formation

освіта

lexique

лексикон

université

університет

microscope

мікроскоп

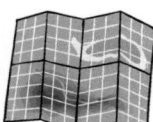

carte

карта

corbeille à papier

кошик для паперу

voyage

подорож

hôtel
готель
Grand
auberge
турбаза
ROOMS
bureau de change
обмінний пункт
CHANGE
valise
валіза
voiture
автомобіль

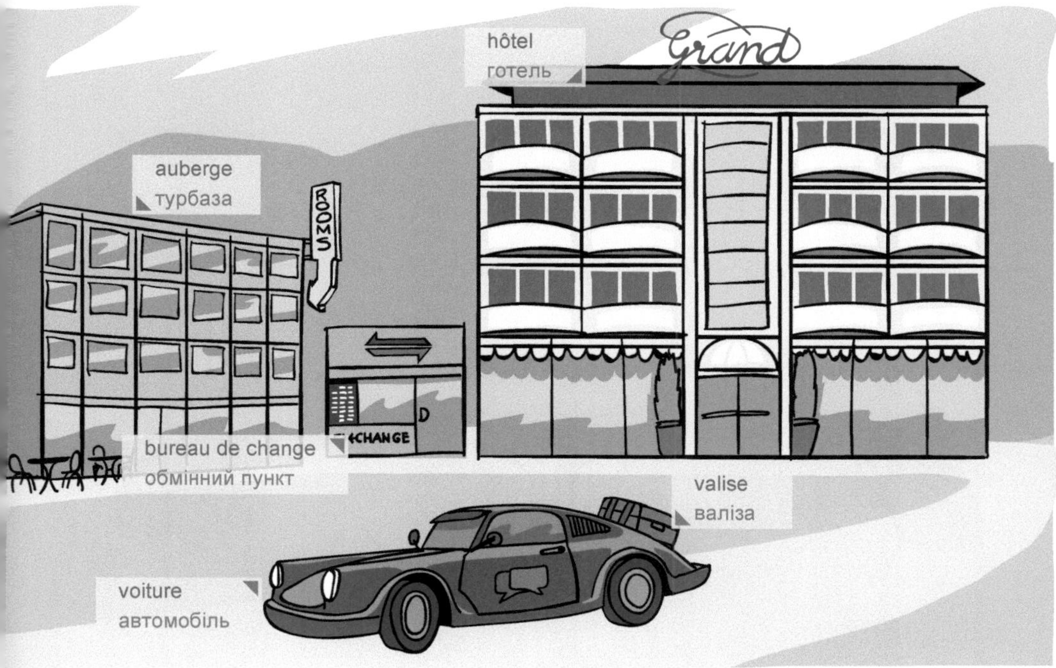

langue

мова

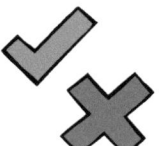

oui / non

так / ні

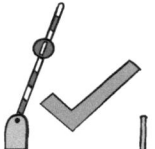

d'accord

добре

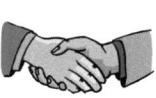

Salut

привіт

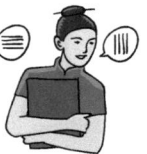

interprète

перекладач

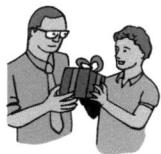

merci

дякую

Combien coûte...?

Скільки коштує ...?

Je ne comprends pas

Я не розумію

problème

проблема

Bonsoir!

Добрий вечір!

Bonjour!

Доброго ранку!

Bonne nuit!

На добраніч!

Au revoir

До побачення

direction

напрямок

bagages

багаж

sac

сумка

sac-à-dos

рюкзак

hôte

гість

pièce

кімната

sac de couchage

спальний мішок

tente

намет

office de tourisme

туристична інформація

plage

пляж

carte de crédit

кредитна картка

petit-déjeuner

сніданок

déjeuner

обід

dîner

вечеря

billet

квиток

ascenseur

ліфт

timbre

поштова марка

frontière

межа

douane

митниця

ambassade

посольство

visa

віза

passeport

паспорт

transport
транспорт

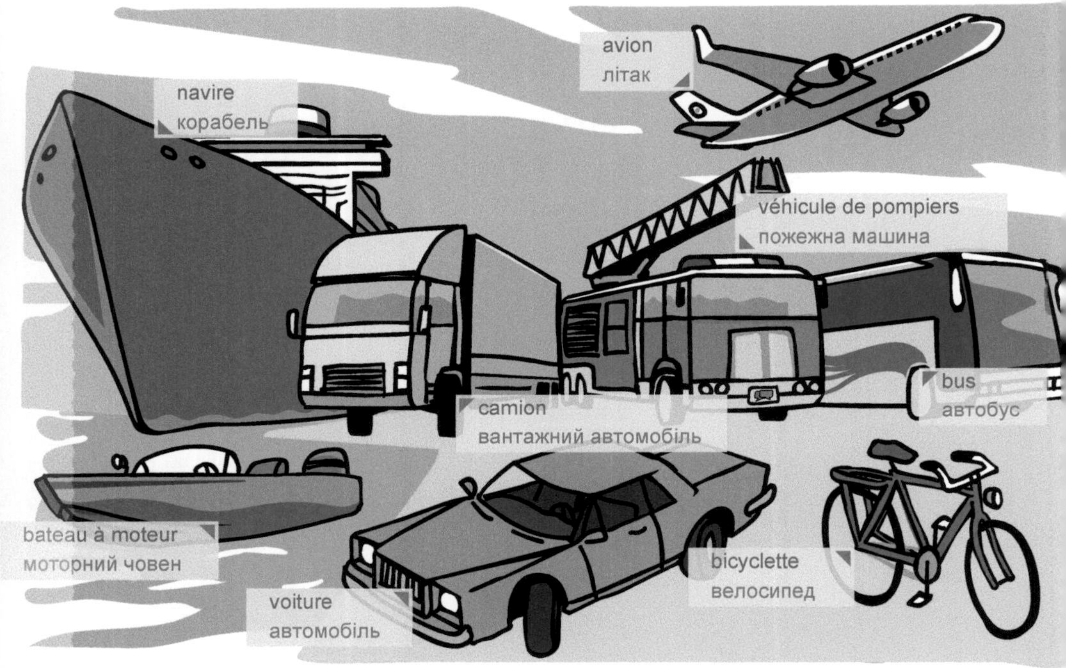

avion
літак

navire
корабель

véhicule de pompiers
пожежна машина

bus
автобус

camion
вантажний автомобіль

bateau à moteur
моторний човен

bicyclette
велосипед

voiture
автомобіль

ferry

пором

barque

човен

moto

мотоцикл

voiture de police

поліцейська машина

voiture de course

гоночний автомобіль

voiture de location

автомобіль на прокат

autopartage

спільне користування авто

dépanneuse

евакуатор

benne à ordures

сміттєвоз

moteur

двигун

essence

паливо

station d'essence

автозаправна станція

panneau indicateur

дорожній знак

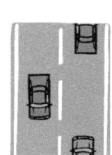

trafic

рух

embouteillage

затор

parking

стоянка

gare

вокзал

rails

рейки

train

потяг

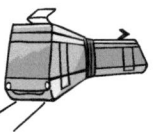

tram

трамвай

wagon

вагон

hélicoptère

гелікоптер

aéroport

аеропорт

tour

вежа

passager

пасажир

container

контейнер

carton

коробка

chariot

візок

corbeille

кошик

décoller / atterrir

стартувати / приземлятися

ville

місто

village

село

centre-ville

центр міста

maison

дім

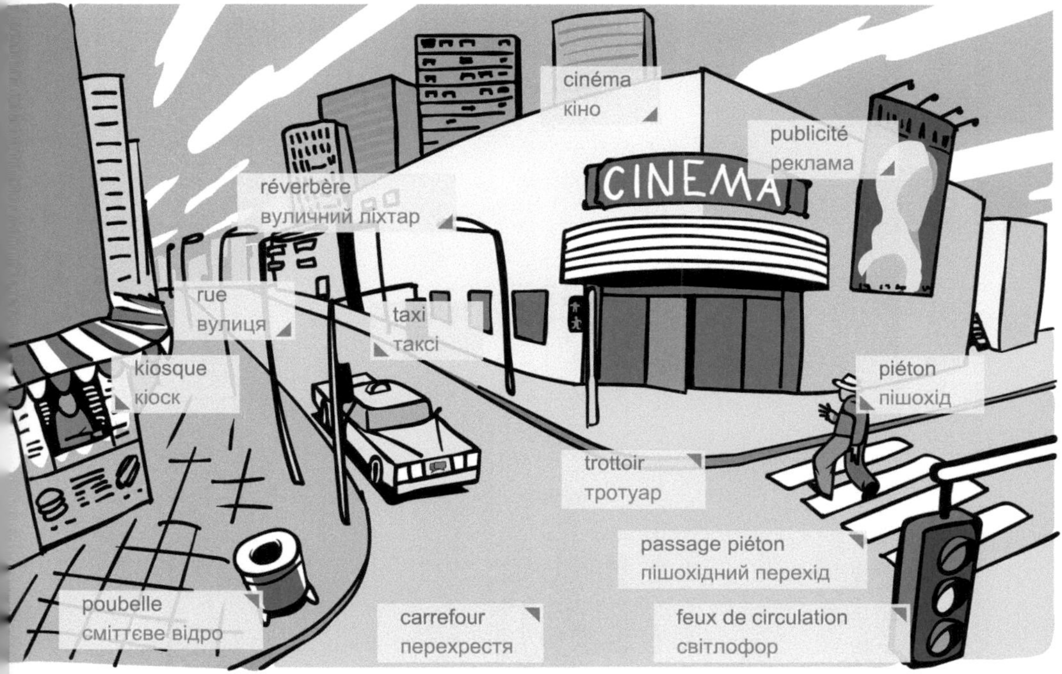

cinéma
кіно
publicité
реклама
CINEMA
réverbère
вуличний ліхтар
rue
вулиця
taxi
таксі
kiosque
кіоск
piéton
пішохід
trottoir
тротуар
passage piéton
пішохідний перехід
poubelle
сміттєве відро
carrefour
перехрестя
feux de circulation
світлофор

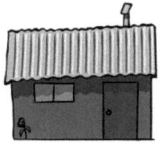

cabane

хатина

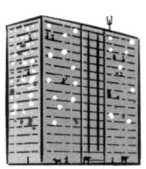

appartement

квартира

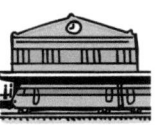

gare

вокзал

mairie

ратуша

MUSEUM

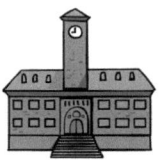

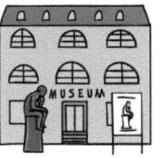

musée

музей

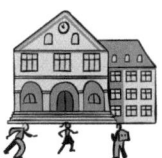

école

школа

université

університет

banque

банк

hôpital

лікарня

hôtel

готель

pharmacie

аптека

bureau

офіс

librairie

книжковий магазин

magasin

магазин

fleuriste

квітковий магазин

supermarché

супермаркет

marché

ринок

grand magasin

універмаг

poissonnerie

торговець рибою

centre commercial

торговельний центр

port

гавань

parc

парк

banque

лава

pont

міст

escaliers

сходи

métro

метро

tunnel

тунель

arrêt de bus

автобусна зупинка

bar

бар

restaurant

ресторан

boîte à lettres

поштова скринька

panneau indicateur

вулична табличка

parcomètre

лічильник паркування

zoo

зоопарк

réverbère

басейн

mosquée

мечеть

ferme

ферма

pollution

забруднення
навколишнього
середовища

cimetière

кладовище

église

церква

aire de jeux

дитячий майданчик

temple

храм

paysage
ландшафт

feuille
листок

panneau indicateur
вказівний стовп

chemin
шлях

pré
луг

pierre
камінь

arbre
дерево

randonneur
мандрівник

rivière
річка

herbe
трава

fleur
квітка

vallée

долина

montagne

гора

lac

озеро

forêt

ліс

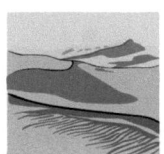

désert

пустеля

volcan

вулкан

château

замок

arc-en-ciel

веселка

champignon

гриб

palmier

пальма

moustique

комар

mouche

муха

fourmis

мурашка

abeille

бджола

araignée

павук

scarabée

жук

grenouille

жаба

écureuil

вивірка

hérisson

їжак

lapin

заєць

chouette

сова

oiseau

птах

cygne

лебідь

sanglier

кабан

cerf

олень

élan

лось

barrage

гребля

éolienne

вітряк

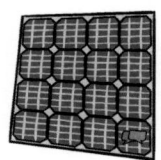

panneau solaire

сонячний модуль

climat

клімат

restaurant
ресторан

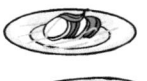

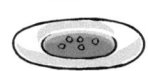

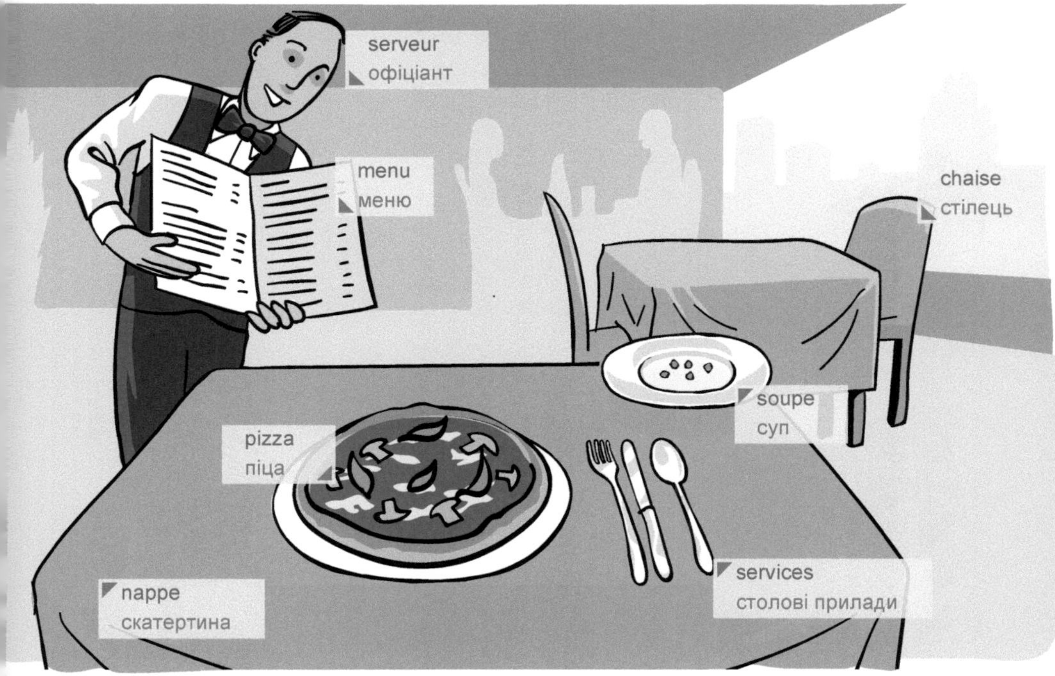
serveur
офіціант
menu
меню
chaise
стілець
soupe
суп
pizza
піца
services
столові прилади
nappe
скатертина

hors d'œuvre

закуска

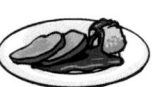

plat principal

друга страва

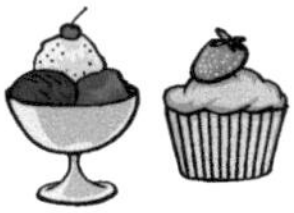

dessert

десерт

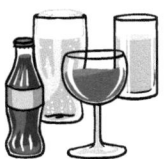

boissons

напої

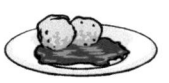

alimentation

їжа

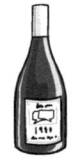

bouteille

пляшка

fast-food

фаст-фуд

plats à emporter

вулична їжа

théière

чайник

sucrier

цукорниця

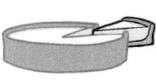

portion

порція

machine à expresso

еспресо-машина

chaise haute

високий стільчик

facture

рахунок

plateau

піднос

couteau

ніж

fourchette

вилка

cuillère

ложка

cuillère à thé

чайна ложка

serviette

серветка

verre

склянка

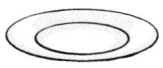

assiette

тарілка

assiette à soupe

тарілка для супу

soucoupe

блюдце

sauce

соус

salière

солонка

moulin à poivre

млин для перцю

vinaigre

оцет

huile

масло

épices

спеції

ketchup

кетчуп

moutarde

гірчиця

mayonnaise

майонез

supermarché
супермаркет

offre promotionnelle
пропозиція
FOR
client
клієнт
produits laitiers
молочні продукти
fruits
фрукти
caddie
візок для покупок

BUTCHERS

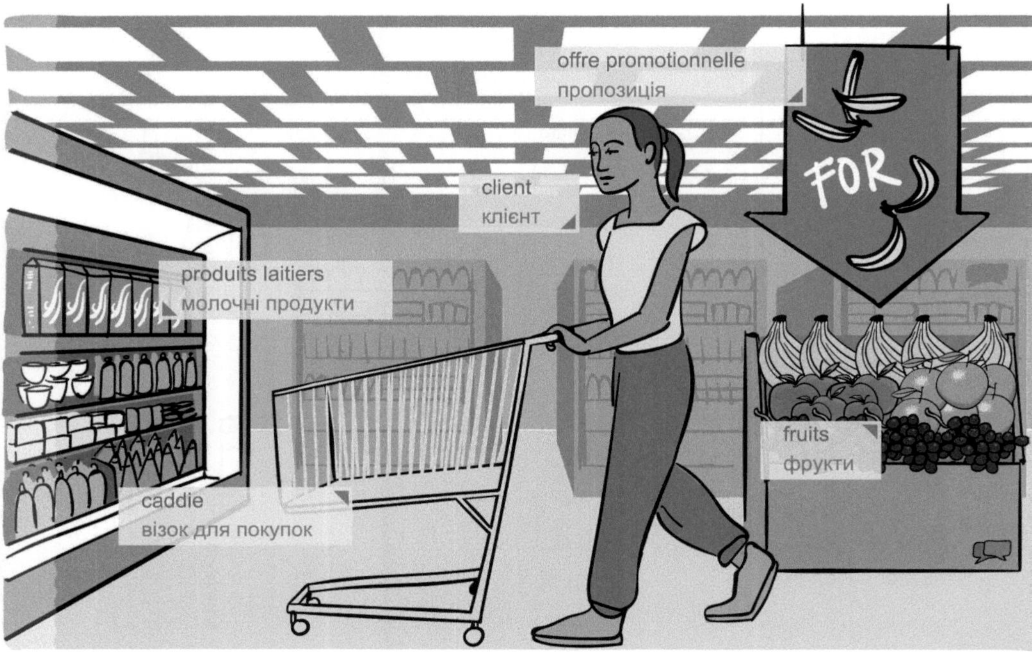

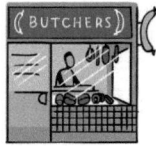

boucherie

м'ясний магазин

BAKERY

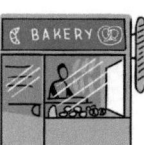

boulangerie

пекарня

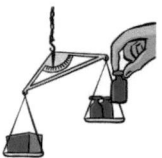

peser

зважувати

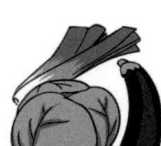

légumes

овочі

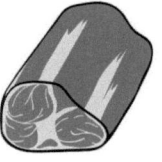

viande

м'ясо

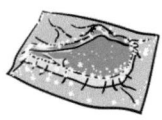

aliments surgelés

заморожені продукти

charcuterie

ковбасна нарізка

conserves

консерви

poudre à lessive

пральний порошок

bonbons

солодощі

articménagers

предмети домашнього побуту

détergents

мийний засіб

vendeuse

продавщиця

caisse

каса

caissier

касир

liste d'achats

список покупок

heures d'ouverture

часи роботи

portefeuille

гаманець

carte de crédit

кредитна картка

sac

сумка

sac en plastique

поліетиленовий пакет

eau

вода

jus de fruit

сік

lait

молоко

coca

кола

vin

вино

bière

пиво

alcool

алкоголь

chocolat chaud

какао

thé

чай

café

кава

expresso

еспресо

cappuccino

капучіно

banane

банан

pomme

яблуко

orange

апельсин

melon

кавун

citron

лимон

carotte

морква

ail

часник

bambou

бамбук

oignon

цибуля

champignon

гриб

noisettes

горішки

pâtes

локшина

spaghettis

спагеті

riz

рис

salade

салат

frites

картопля фрі

pommes de terre rôties

смажена картопля

pizza

піца

hamburger

гамбургер

sandwich

бутерброд

escalope

шніцель

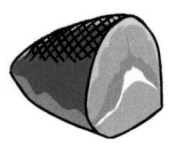

jambon

шинка

salami

салямі

saucisse

ковбаса

poulet

курка

rôti

печеня

poisson

риба

flocons d'avoine

вівсяні пластівці

muesli

мюслі

cornflakes

кукурудзяні пластівці

farine

борошно

croissant

круасан

petits-pains

булочка

pain

хліб

pain grillé

тостовий хліб

biscuits

печиво

beurre

масло

fromage blanc

сир

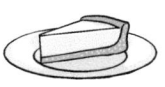

gâteau

пиріг

œuf

яйце

œuf au plat

яєчня

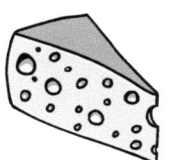

fromage

сир

glace

морозиво

sucre

цукор

miel

мед

confiture

мармелад

crème nougat

нуга-крем

curry

карі

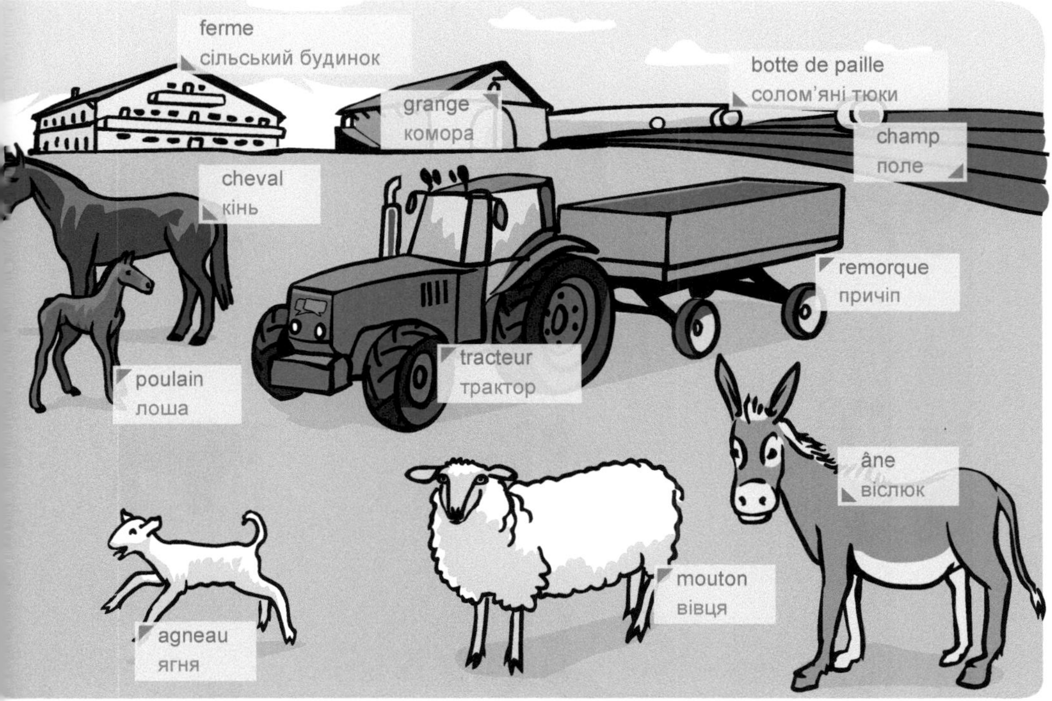

ferme
сільський будинок

botte de paille
солом'яні тюки

grange
комора

champ
поле

cheval
кінь

remorque
причіп

poulain
лоша

tracteur
трактор

âne
віслюк

mouton
вівця

agneau
ягня

chèvre

коза

vache

корова

veau

теля

porc

свиня

porcelet

порося

taureau

бик

oie

гусак

canard

качка

poussin

курча

poule

курка

coq

півень

rat

щур

chat

кіт

souris

миша

bœuf

віл

chien

собака

chenil

собача будка

tuyau de jardin

садовий шланг

arrosoir

лійка

faucheuse

коса

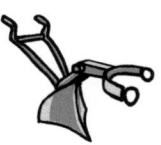

charrue

плуг

faucille
серп

pioche
мотика

fourche
вила

hache
сокира

brouette
тачка

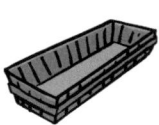

cuve
корито

pot à lait
бідон молока

sac
мішок

clôture
паркан

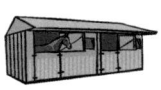

étable
хлів

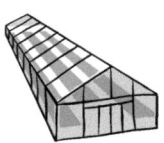

serre
теплиця

sol
ґрунт

semences
насіння

engrais
добриво

moissonneuse-batteuse
комбайн

récolter

пожинати

récolte

урожай

igname

корінь ямсу

blé

пшениця

soja

соя

pomme de terre

картопля

maïs

кукурудза

colza

ріпак

arbre fruitier

плодове дерево

manioc

маніок

céréales

злаки

maison

дім

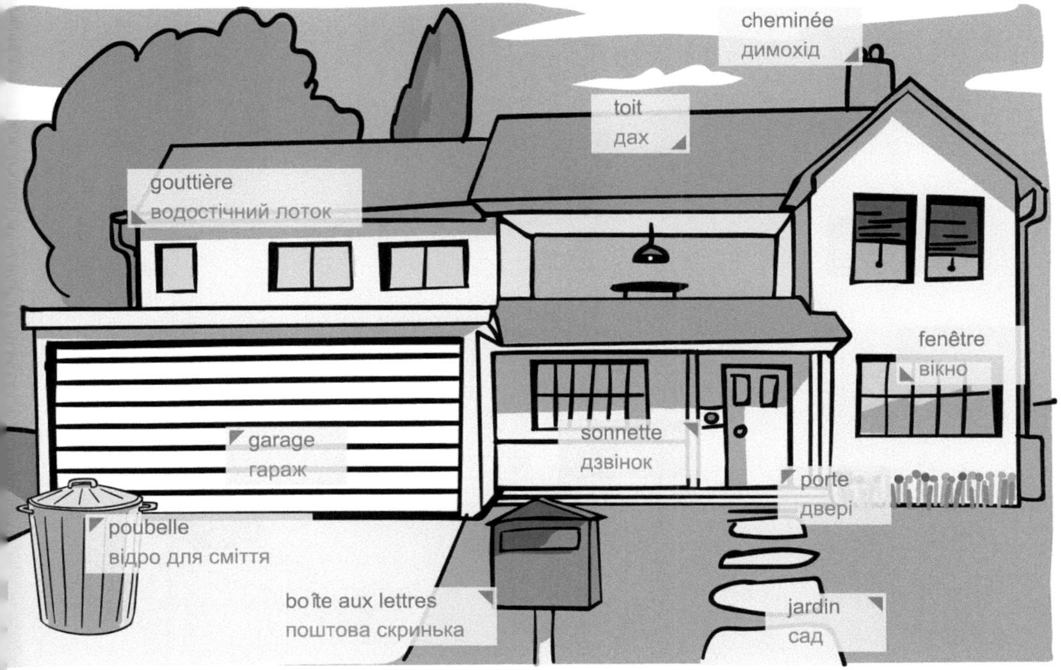

cheminée
димохід
toit
дах
gouttière
водостічний лоток
fenêtre
вікно
garage
гараж
sonnette
дзвінок
porte
двері
poubelle
відро для сміття
boîte aux lettres
поштова скринька
jardin
сад

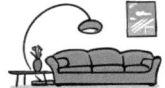

salon

вітальня

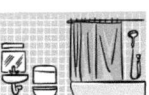

chambre de bain

ванна кімната

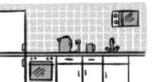

cuisine

кухня

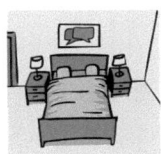

chambre à coucher

спальня

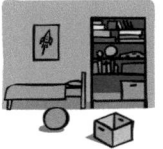

chambre d'enfant

дитяча кімната

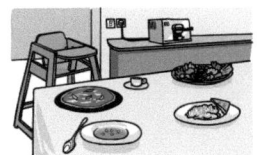

salle à manger

їдальня

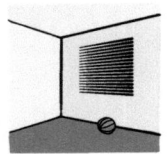

sol

підлога

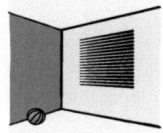

mur

стіна

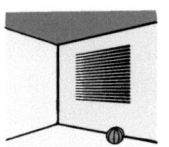

plafond

стеля

cave

підвал

sauna

сауна

balcon

балкон

terrasse

тераса

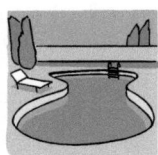

piscine

басейн

tondeuse à gazon

косарка

fourre de duvet

простирало

couette

ковдра

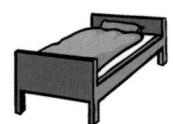

lit

ліжко

balai

мітла

sceau

відро

interrupteur

перемикач

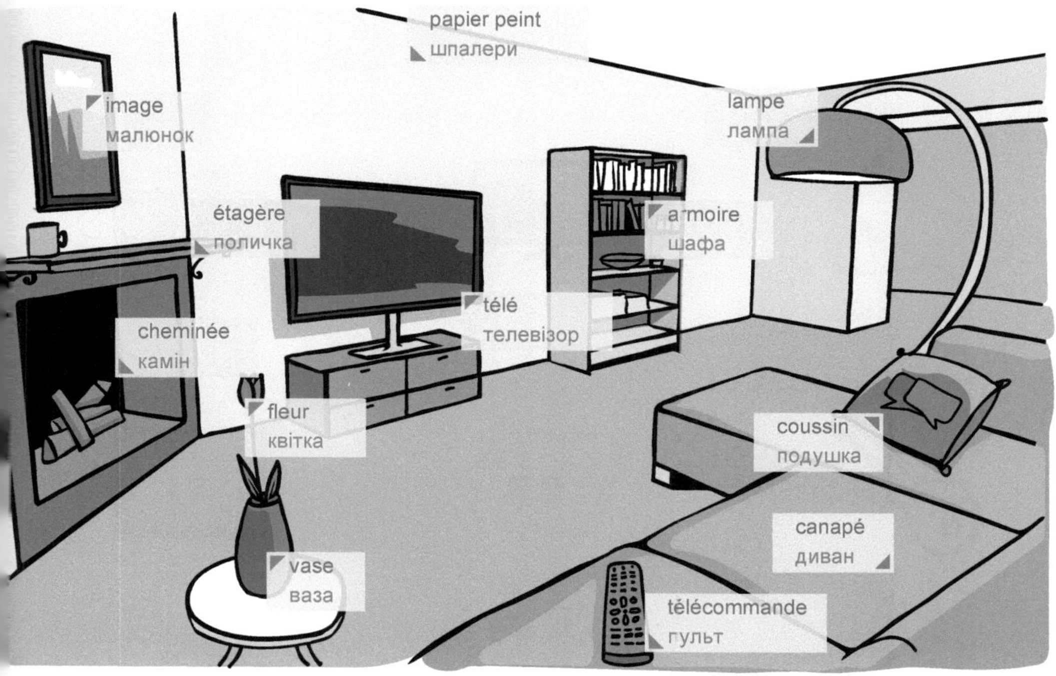

papier peint
шпалери

image
малюнок

lampe
лампа

étagère
поличка

armoire
шафа

cheminée
камін

télé
телевізор

fleur
квітка

coussin
подушка

canapé
диван

vase
ваза

télécommande
пульт

tapis

килим

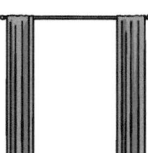

rideau

завіса

table

стіл

chaise

стілець

chaise à bascule

крісло-гойдалка

fauteuil

крісло

livre

книга

couverture

ковдра

décoration

прикраса

bois de chauffage

дрова

film

фільм

chaîne hi-fi

стереосистема

clé

ключ

journal

газета

peinture

картина

poster

плакат

radio

радіо

bloc-notes

блокнот

aspirateur

пилосос

cactus

кактус

bougie

свічка

cuisine

кухня

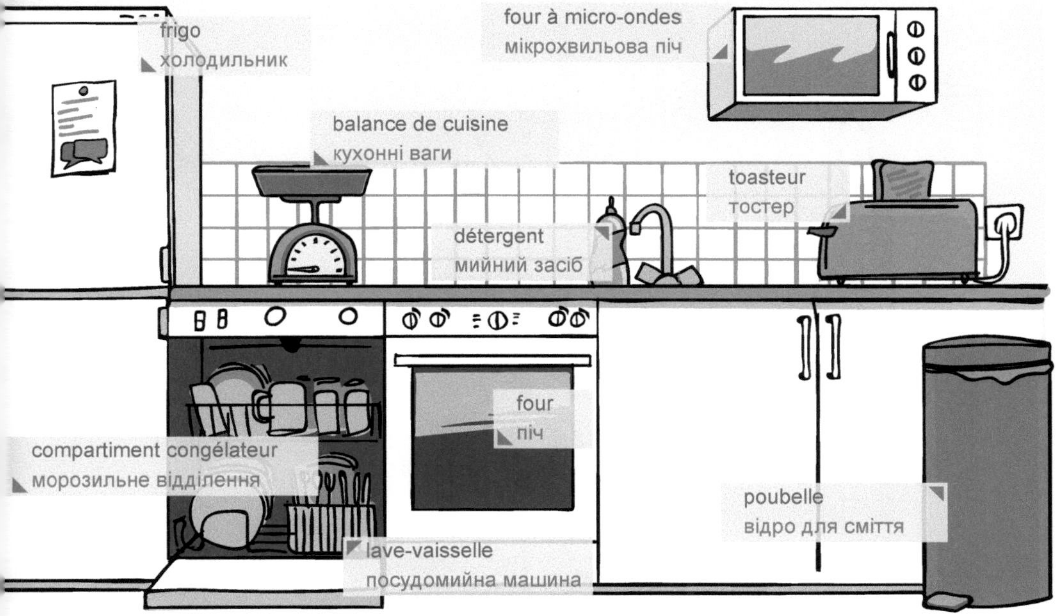
frigo
холодильник
four à micro-ondes
мікрохвильова піч
balance de cuisine
кухонні ваги
toasteur
тостер
détergent
мийний засіб
four
піч
compartiment congélateur
морозильне відділення
poubelle
відро для сміття
lave-vaisselle
посудомийна машина

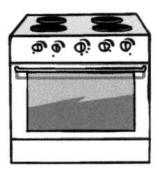

four

плита

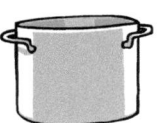

casserole

горщик

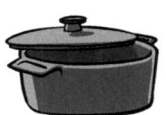

marmite

чавунний горщик

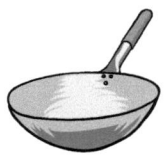

wok/kadai

вок / кадай

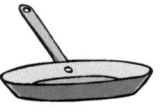

poêle

сковорода

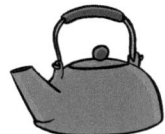

bouilloire électrique

чайник

cuiseur vapeur

пароварка

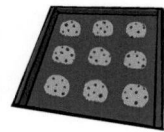

plaque de cuisson

лист

vaisselle

посуд

gobelet

кухоль

bol

чаша

baguettes

палички для їжі

louche

черпак

spatule

лопатка

fouet

вінчик для збивання

passoire

сито

tamis

сито

râpe

терка

mortier

ступка

barbecue

барбекю

cheminée

багаття

planche à découper

дошка

rouleau à pâtisserie

качалка

tire-bouchon

штопор

boîte

конзерва

ouvre-boîte

відкривачка

maniques

прихватки

lavabo

раковина

brosse

щітка

éponge

губка

mixeur

міксер

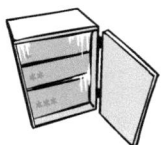

congélateur

морозильна камера

biberon

дитяча пляшка

robinet

кран

chambre de bain

ванна кімната

douche
душ
chauffage
опалення
serviette
рушник
rideau de douche
душова завіса
bain moussant
пiниста ванна
baignoire
ванна
verre
склянка
machine à laver
пральна машина
robinet
кран
carrelage
плитка
pot
горшок
lavabo
раковина

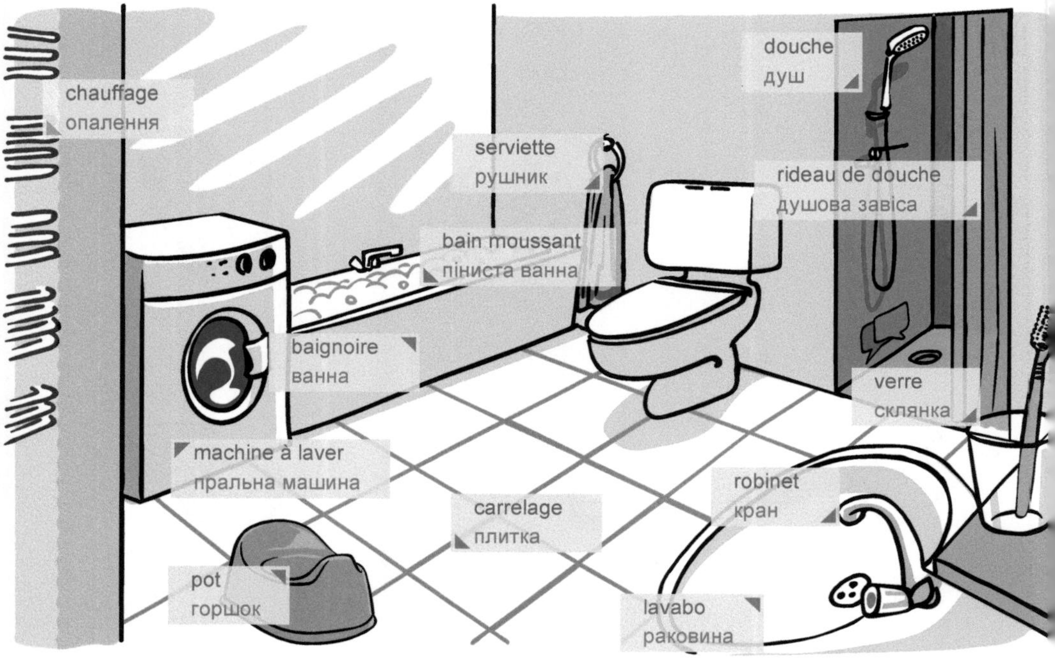

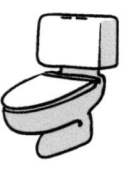

toilettes

туалет

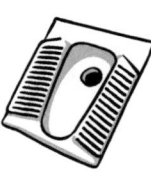

toilette à turque

підлоговий туалет

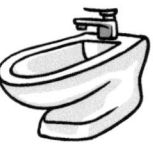

bidet

біде

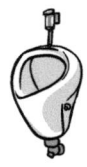

urinoir

пісуар

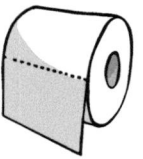

papier toilette

туалетний папір

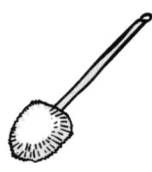

brosse à toilette

щітка для туалету

brosse à dents

зубна щітка

dentifrice

зубна паста

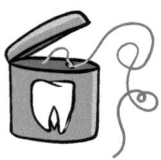

fil dentaire

нитка для чищення зубів

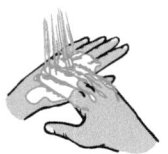

laver

мити

douche manuelle

ручний душ

douche intime

інтимний душ

vasque

таз

brosse dorsale

щітка для спини

savon

мило

gel douche

гель для душу

shampooing

шампунь

gant de toilette

мочалка

écoulement

водостік

crème

крем

déodorant

дезодорант

miroir

дзеркало

miroir cosmétique

косметичне дзеркало

rasoir

бритва

mousse à raser

піна для гоління

après-rasage

лосьйон після гоління

peigne

гребінь

brosse

щітка

sèche-cheveux

фен

laque pour cheveux

лак для волосся

fond de teint

косметика

rouge à lèvres

губна помада

vernis à ongles

лак для нігтів

ouate

вата

coupe-ongles

ножиці для нігтів

parfum

парфум

trousse de toilette

косметичка

tabouret

табурет

balance

ваги

peignoir

халат

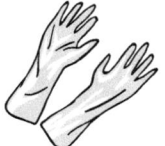

gants de nettoyage

гумові рукавички

tampon

тампон

serviettes hygiéniques

гігієнічні прокладки

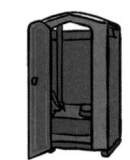

toilette chimique

біотуалет

chambre d'enfant
дитяча кімната

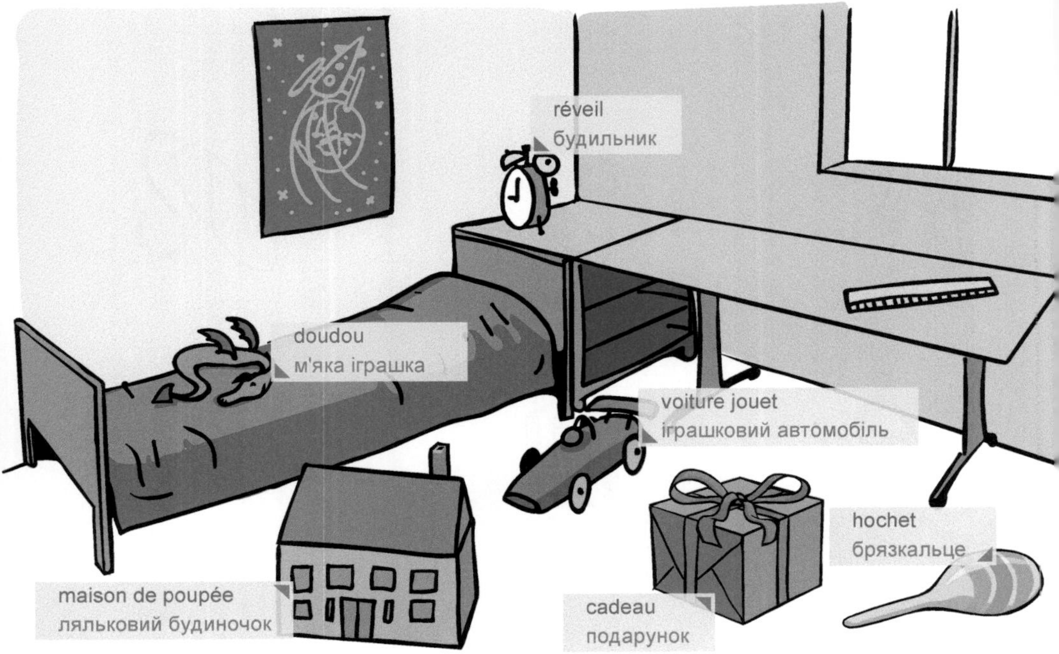

réveil
будильник
doudou
м'яка іграшка
voiture jouet
іграшковий автомобіль
hochet
брязкальце
maison de poupée
ляльковий будиночок
cadeau
подарунок

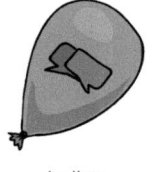

ballon

повітряна кулька

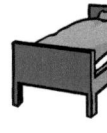

lit

ліжко

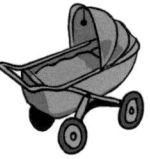

poussette

дитячий візок

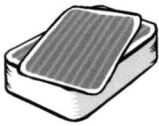

jeu de cartes

картярська гра

puzzle

пазл

SUPER MEGA

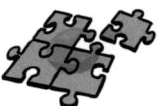

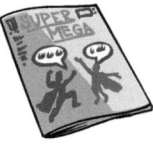

bande dessinée

комікс

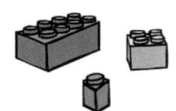

pièces lego

лего цеглинки

blocs de construction

блоки

figurine

іграшкова фігурка

grenouillère

повзунки

frisbee

фризбі

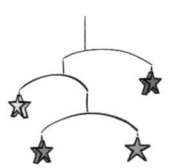

mobile

мобіле

jeu de société

настільна гра

dé

кубик

train miniature

модель залізнична станція

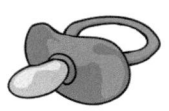

sucette

соска

fête

вечірка

livre d'images

книжка з картинками

balle

м'яч

poupée

лялька

jouer

грати

bac à sable

пісочниця

balançoire

гойдалка

jouets

іграшка

console de jeu

гральна консоль

tricycle

триколісний велосипед

ours en peluche

плюшевий мішка

armoire

шафа

vêtements

одяг

chaussettes

шкарпетки

bas

панчохи

collant

колготки

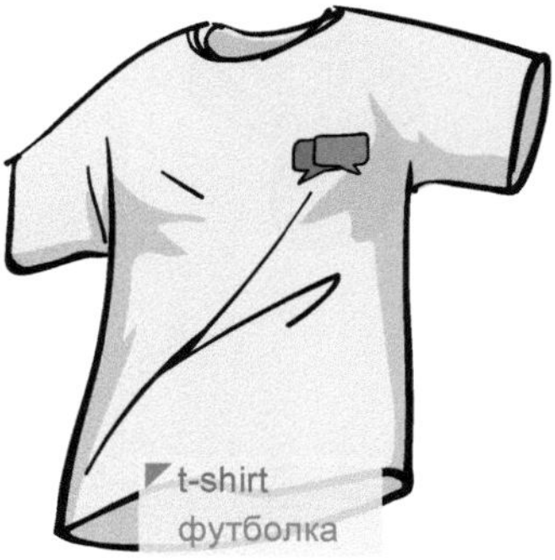

écharpe
шарф

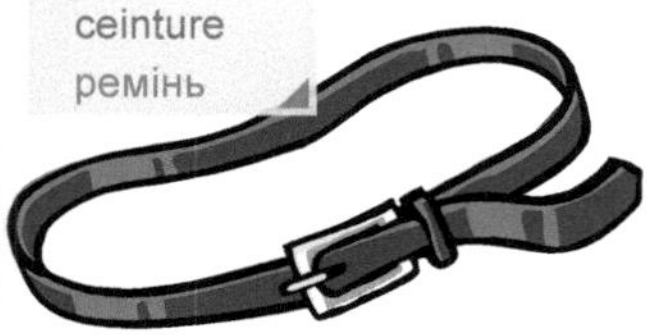

parapluie
парасоля

ceinture
ремінь

t-shirt
футболка

baskets
кросівки

bottes
чоботи

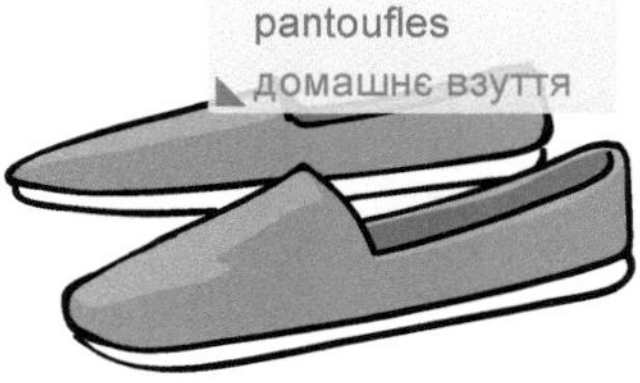

pantoufles
домашнє взуття

sandales
сандалі

chaussures
взуття

bottes de caoutchouc
гумові чоботи

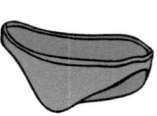

linge de corps
труси

soutien-gorge
бюстгальтер

maillot de corps
нижня сорочка

body
боді

pantalon
штани

jean
джинси

jupe
спідниця

chemisier
блузка

chemise
сорочка

pull
пуловер

pull-over à capuche
светр

veste
піджак

veste
куртка

manteau
пальто

imperméable
дощовик

costume
костюм

robe
сукня

robe de mariée
весільна сукня

costume

костюм

chemise de nuit

нічна сорочка

pyjama

піжама

sari

сарі

foulard

головна хустка

turban

чалма

burqa

бурка

caftan

кафтан

abaya

абая

maillot de bain

купальник

costume de bain

плавки

cuissettes

шорти

tenue d'entraînement

тренувальний костюм

tablier

фартух

gants

рукавички

bouton

гудзик

lunettes

окуляри

bracelet

браслет

collier

ланцюг

bague

кільце

boucle d'oreille

сережка

bonnet

шапка

cintre

плічка

chapeau

капелюх

cravate

краватка

fermeture éclair

застібка-блискавка

casque

шолом

bretelles

підтяжки

uniforme scolaire

шкільна форма

uniforme

уніформа

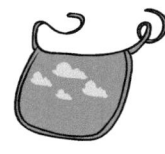

bavoir

нагрудник

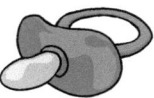

sucette

соска

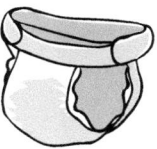

couche

підгузок

bureau
офіс

serveur
сервер
armoire d'archivage
шаф для документів
imprimante
принтер
papier
папір
écran
монітор
bureau
письмовий стіл
souris
миша
classeur
папка
clavier
синтезатор
corbeille à papier
кошик для паперу
ordinateur
комп'ютер
chaise
стілець

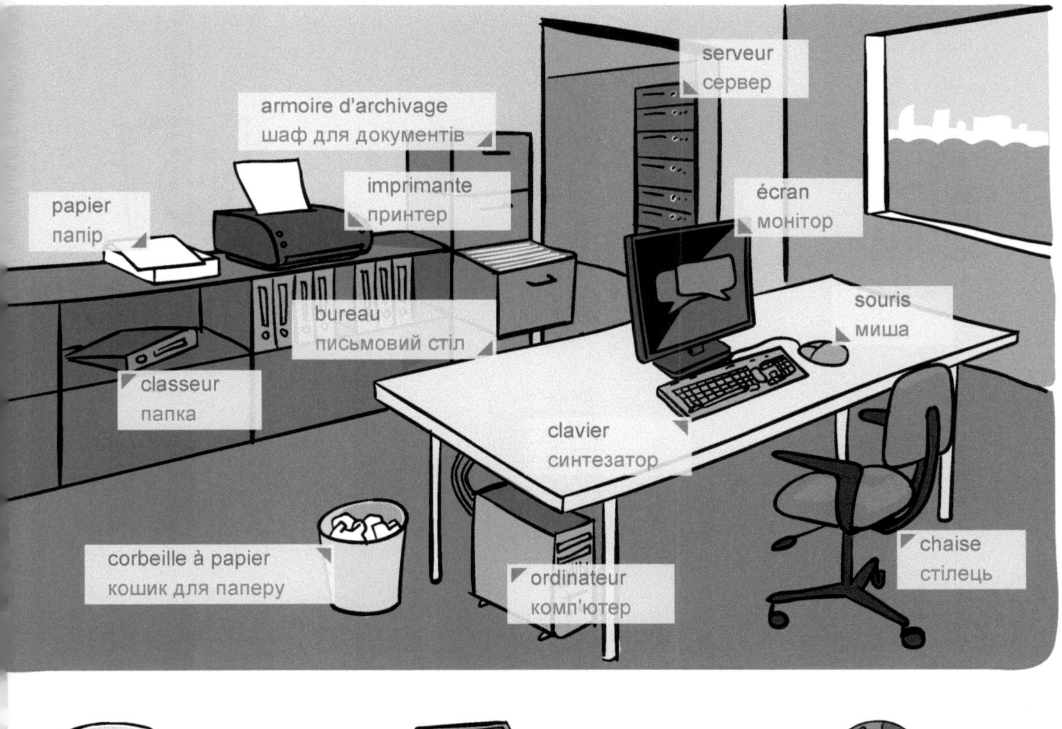

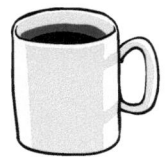

tasse à café

кавовий кухоль

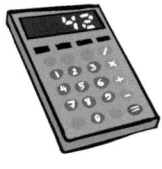

calculatrice

калькулятор

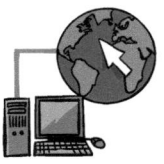

internet

інтернет

ordinateur portable

ноутбук

lettre

лист

message

повідомлення

portable

мобільний телефон

réseau

мережа

photocopieuse

копіювальний пристрій

logiciel

програмне забезпечення

téléphone

телефон

prise

розетка

fax

факс

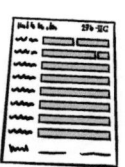

formulaire

бланк

document

документ

acheter

купувати

payer

платити

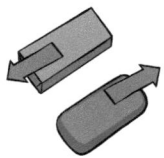

marchander

торгувати

monnaie

гроші

dollar

долар

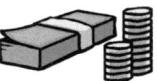

euro

євро

yen

ієна

rouble

рубль

franc suisse

франк

renminbi yuan

юанів женьміньбі

roupie

рупія

distributeur automatique

банкомат

bureau de change

обмінний пункт

or

золото

argent

срібло

pétrole

нафта

énergie

енергія

prix

ціна

contrat

контракт

taxe

податок

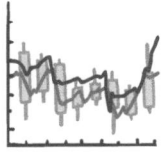

action

акція

travailler

працювати

employé

працівник

employeur

роботодавець

usine

фабрика

magasin

магазин

économie - економіка

agent de police
поліцейський

pompier
пожежник

cuisinier
повар

médecin
лікар

pilote
пілот

jardinier

садівник

menuisier

столяр

couturière

швачка

juge

суддя

chimiste

хімік

acteur

актор

conducteur de bus

водій автобуса

chauffeur de taxi

таксист

pêcheur

рибалка

femme de ménage

прибиральниця

couvreur

покрівельник

serveur

офіціант

chasseur

мисливець

peintre

художник

boulanger

пекар

électricien

електрик

ouvrier

будівельник

ingénieur

інженер

boucher

забійник

plombier

бляхар

facteur

листоноша

soldat

солдат

architecte

архітектор

caissier

касир

fleuriste

флорист

coiffeur

перукар

contrôleur

кондуктор

mécanicien

механік

capitaine

капітан

dentiste

дантист

scientifique

вчений

rabbin

рабин

imam

імам

moine

монах

prêtre

пастор

outils

інструменти

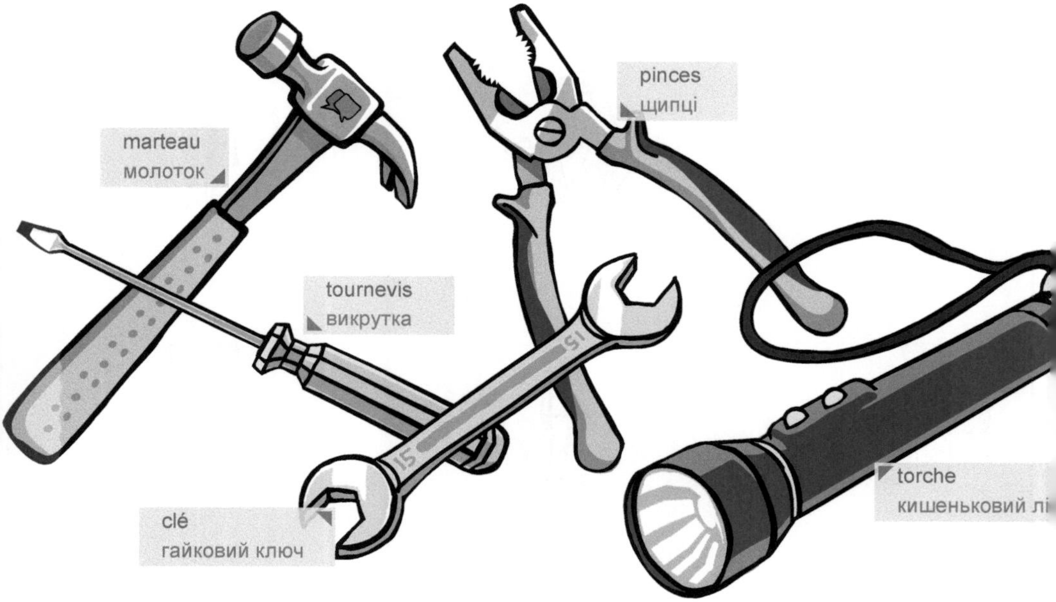
pinces
щипці
marteau
молоток
tournevis
викрутка
torche
кишеньковий лі
clé
гайковий ключ

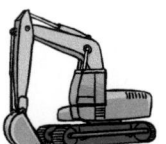

pelleteuse

екскаватор

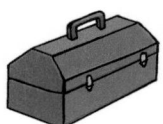

boîte à outils

ящик для інструментів

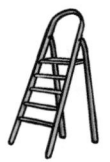

échelle

драбина

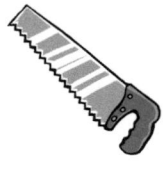

scie

пилка

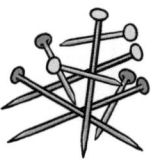

clous

цвяхи

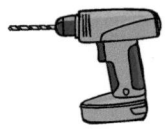

perceuse

свердло

réparer

ремонтувати

pelle

лопата

Mince!

лайно!

pelle

совок

pot de peinture

відро з фарбою

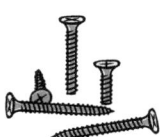

vis

гвинти

instruments de musique
музичні інструменти

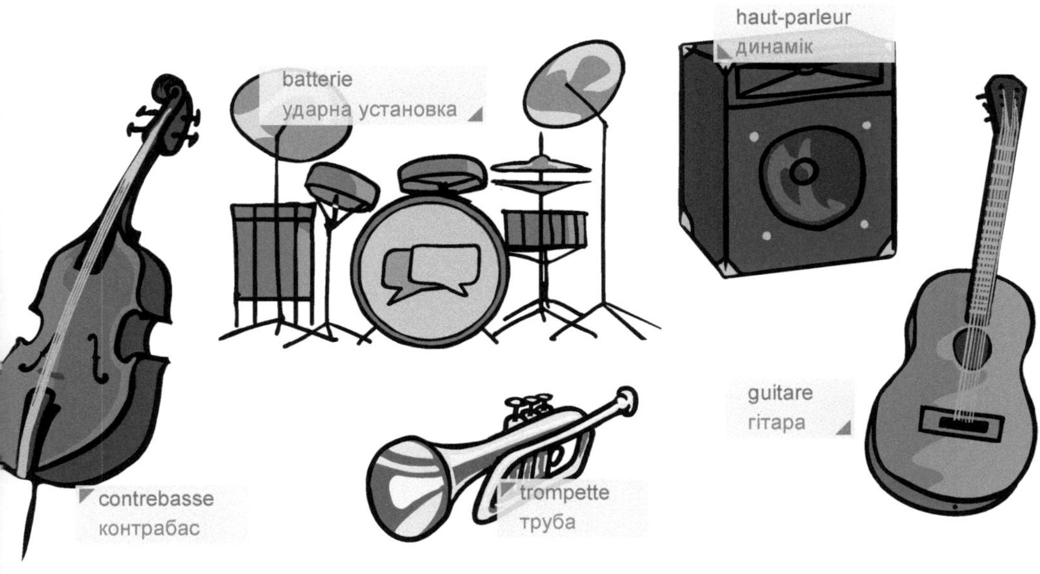

haut-parleur

динамік

batterie

ударна установка

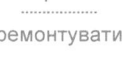

guitare

гітара

contrebasse

контрабас

trompette

труба

piano

фортепіано

violon

скрипка

basse

бас

timbales

литаври

tambour

барабан

piano électrique

клавіатура

saxophone

саксофон

flûte

флейта

microphone

мікрофон

zoo

зоопарк

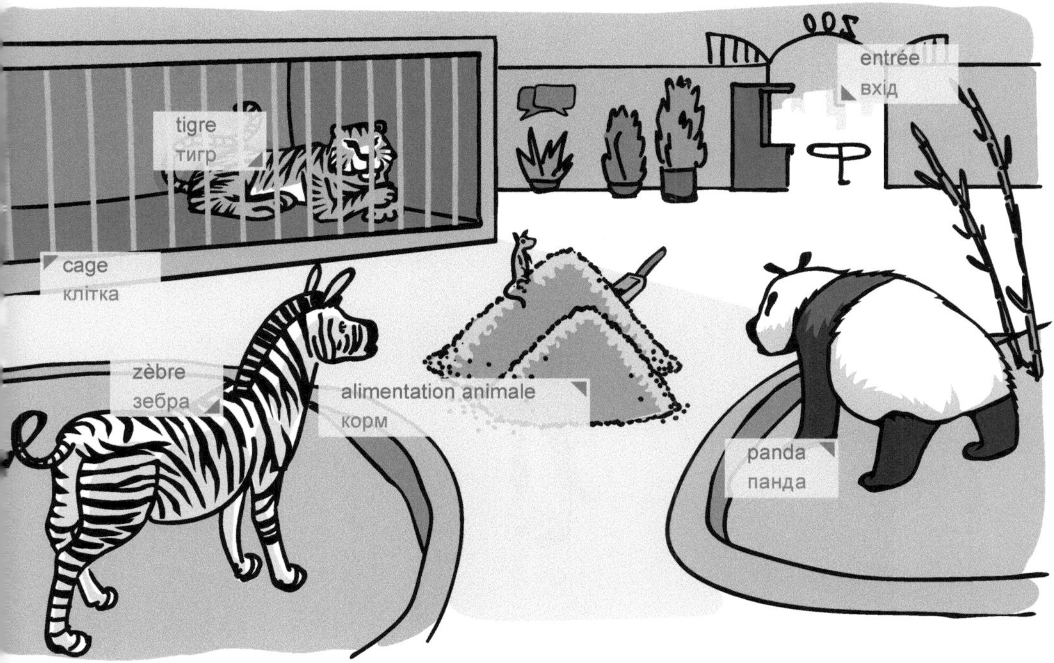

zoo
entrée
вхід
tigre
тигр
cage
клітка
zèbre
зебра
alimentation animale
корм
panda
панда

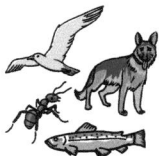

animaux

тварини

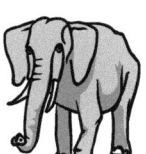

éléphant

слон

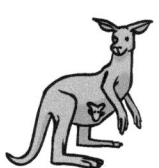

kangourou

кенгуру

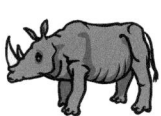

rhinocéros

носоріг

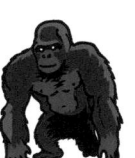

gorille

горила

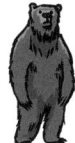

ours

ведмідь

chameau

верблюд

autruche

страус

lion

лев

singe

мавпа

flamand rose

фламінго

perroquet

папуга

ours polaire

білий ведмідь

pingouin

пінгвін

requin

акула

paon

павич

serpent

змія

crocodile

крокодил

gardien de zoo

працівник зоопарку

phoque

тюлень

jaguar

ягуар

zoo - зоопарк

poney

поні

léopard

леопард

hippopotame

гіпопотам

girafe

жираф

aigle

орел

sanglier

кабан

poisson

риба

tortue

черепаха

morse

морж

renard

лисиця

gazelle

газель

american Football
американський футбол

cyclisme
їзда на велосипеді

tennis
теніс

basket-ball
баскетбол

natation
плавання

boxe
бокс

hockey sur glace
хокей

football
футбол

badminton
бадмінтон

athlétisme
легка атлетика

handball
гандбол

ski
лижні перегони

polo
поло

sauter
стрибати

rire
сміятися

embrasser
обіймати

marcher
йти

chanter
співати

rêver
мріяти

prier
молитися

faire la bise
цілувати

écrire
писати

dessiner
малювати

montrer
показувати

pousser
тиснути

donner
давати

prendre
брати

avoir

мати

faire

робити

être

бути

être debout

стояти

courir

бігати

trier

тягнути

jeter

кидати

tomber

падати

être couché

лежати

attendre

очікувати

porter

носити

être assis

сидіти

s'habiller

одягати

dormir

спати

se réveiller

просипатися

regarder

дивитися

pleurer

плакати

caresser

гладити

peigner

розчісувати

parler

розмовляти

comprendre

розуміти

demander

питати

écouter

слухати

boire

пити

manger

їсти

ranger

прибирати

aimer

любити

cuire

варити

conduire

їхати

voler

літати

activités - дії

65

faire de la voile

йти під вітрилом

calculer

рахувати

lire

читати

apprendre

вчитися

travailler

працювати

se marier

одружуватися

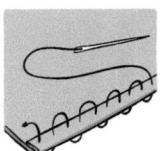

coudre

шити

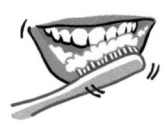

se brosser les dents

чистити зуби

tuer

убивати

fumer

курити

envoyer

посилати

grand-mère
бабуся

grand-père
дідусь

père
батько

mère
мати

bébé
немовля

fille
донька

fils
син

hôte

гість

tante

тітка

oncle

дядько

frère

брат

sœur

сестра

corps
тіло

front
чоло
œil
око
visage
обличчя
menton
підборіддя
doigt
палець
main
кисть
épaule
плече
jambe
нога
poitrine
груди
bras
рука

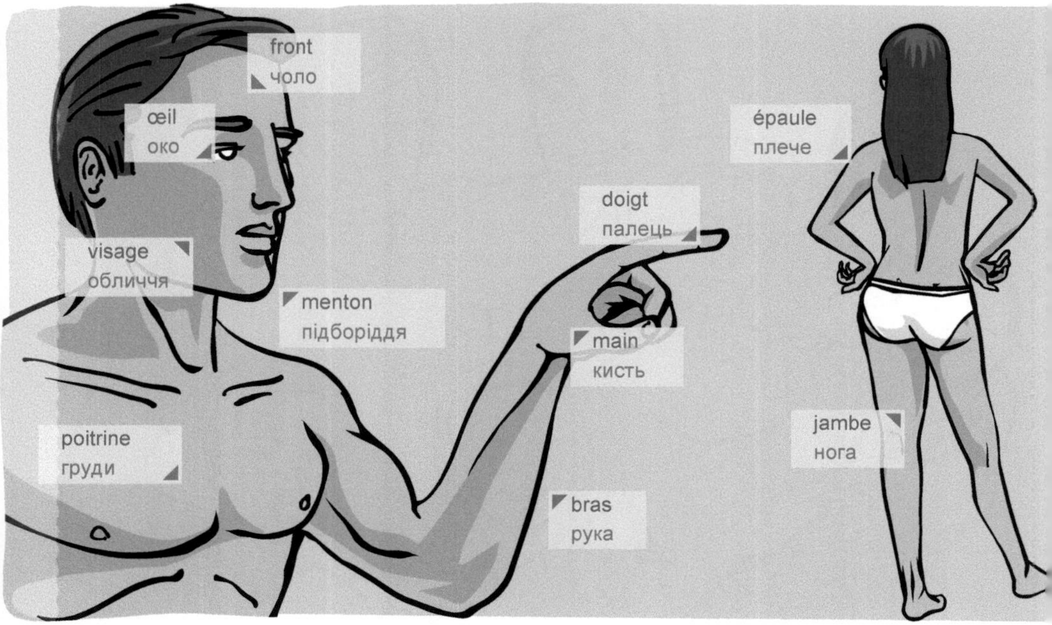

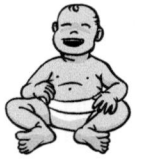

bébé

немовля

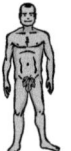

homme

чоловік

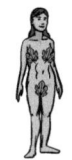

femme

жінка

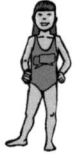

fille

дівчина

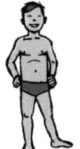

garçon

хлопчик

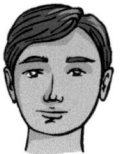

tête

голова

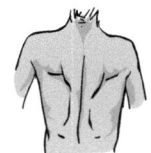

dos

спина

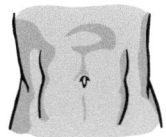

ventre

живіт

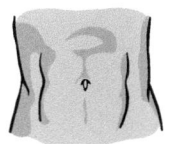

nombril

пуп

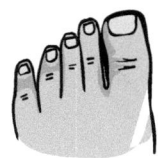

orteil

палець ноги

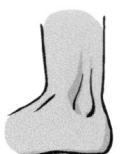

talon

п'ята

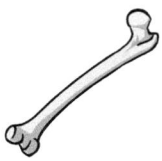

os

кістка

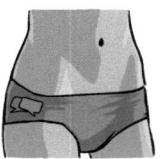

hanche

стегно

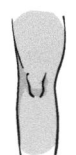

genou

коліно

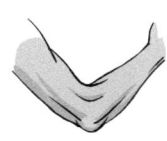

coude

лікоть

nez

ніс

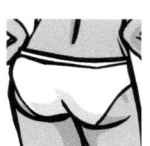

fesses

сідниці

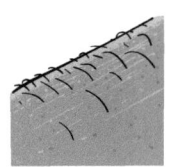

peau

шкіра

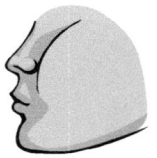

joue

щока

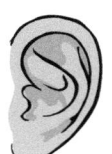

oreille

вухо

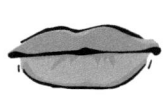

lèvre

губа

corps - тіло

bouche

рот

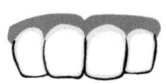

dent

зуб

langue

язик

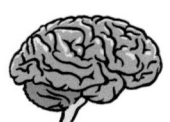

cerveau

мозок

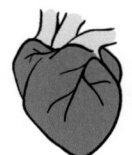

cœur

серце

muscle

м'яз

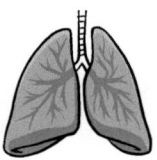

poumons

легені

foie

печінка

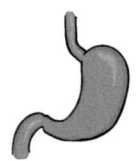

estomac

шлунок

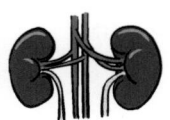

reins

нирки

rapport sexuel

статевий акт

préservatif

презерватив

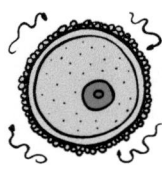

ovule

яйцеклітина

sperme

сперма

grossesse

вагітність

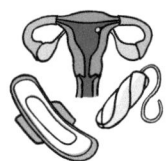

menstruation

менструація

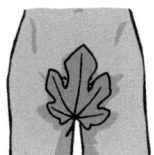

vagin

вагіна

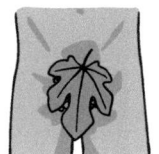

pénis

пеніс

sourcil

брова

cheveux

волосся

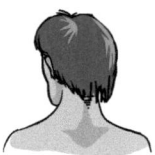

cou

шия

hôpital
лікарня

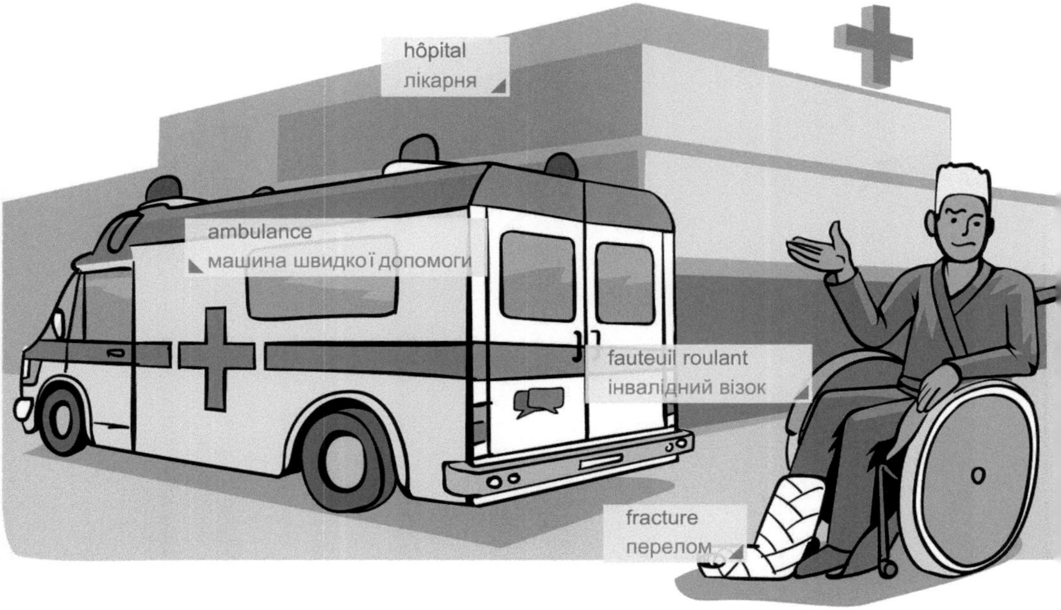

hôpital
лікарня
ambulance
машина швидкої допомоги
fauteuil roulant
інвалідний візок
fracture
перелом

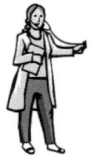

médecin

лікар

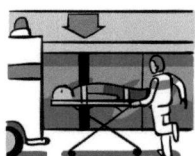

service des urgences

відділення швидкої медичної допомоги

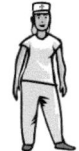

infirmière

медсестра

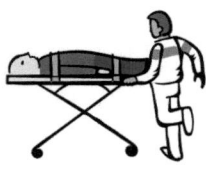

urgence

аварійний випадок

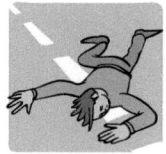

inconscient

непритомний

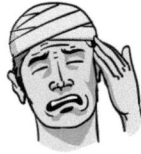

douleur

біль

blessure

травма

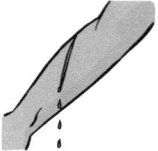

hémorragie

кровотеча

crise cardiaque

інфаркт

attaque cérébrale

інсульт

allergie

алергія

toux

кашель

fièvre

лихоманка

grippe

грип

diarrhée

пронос

mal de tête

головна біль

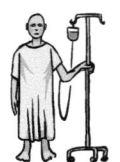

cancer

рак

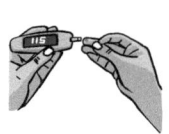

diabète

діабет

chirurgien

хірург

scalpel

скальпель

opération

операція

hôpital - лікарня

CT
КТ

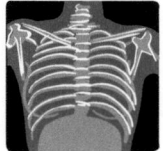

radiographie
рентген

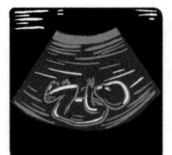

échographie
ультразвук

masque
маска

maladie
хвороба

salle d'attente
зал очікування

béquille
милиця

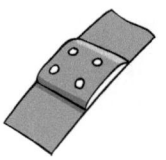

pansement
пластир

pansement
пов'язка

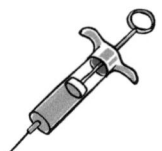

injection
ін'єкція

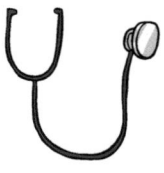

stéthoscope
стетоскоп

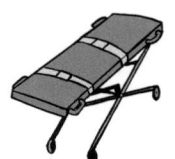

brancard
ноші

thermomètre
термометр

accouchement
народження

surpoids
надмірна вага

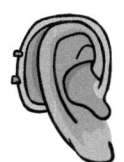

appareil auditif

слуховий апарат

désinfectant

дезінфікуючий засіб

infection

інфекція

virus

вірус

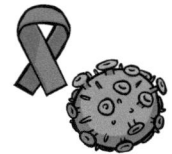

VIH / sida

ВІЛ / СНІД

médicament

медицина

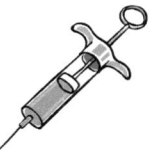

vaccination

вакцинація

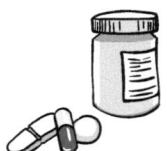

tablettes

таблетки

pilule

протизаплідна пігулка

appel d'urgence

екстрений виклик

tensiomètre

тонометр

malade / sain

хворий / здоровий

Au secours!

Допоможіть!

alarme

сигнал тривоги

agression

напад

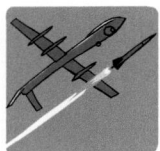

attaque

атака

danger

небезпека

sortie de secours

аварійний вихід

Au feu!

Вогонь!

extincteur

вогнегасник

accident

аварія

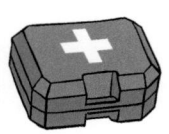

trousse de premier secours

аптечка

SOS

СОС

police

поліція

Europe

Європа

Amérique du Nord

Північна Америка

Amérique du Sud

Південна Америка

Afrique

Африка

Asie

Азія

Australie

Австралія

Océan atlantique

Атлантика

Océan pacifique

Тихий океан

Océan indien

Індійський океан

Océan antarctique

Антарктичний океан

Océan arctique

Північний Льодовитий
океан

Pônord

Північний полюс

Pôsud

Південний полюс

Antarctique

Антарктика

terre

Земля

pays

суша

mer

море

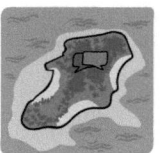

île

острів

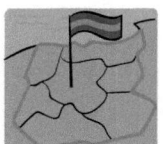

nation

нація

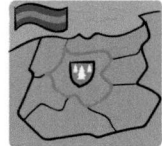

état

держава

cadran

циферблат

aiguille des heures

годинникова стрілка

aiguille des minutes

хвилинна стрілка

aiguille des secondes

секундна стрілка

Quelle heure est-il?

Котра година?

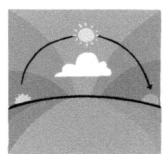

jour

день

temps

час

maintenant

зараз

montre digitale

цифровий годинник

minute

хвилина

heure

година

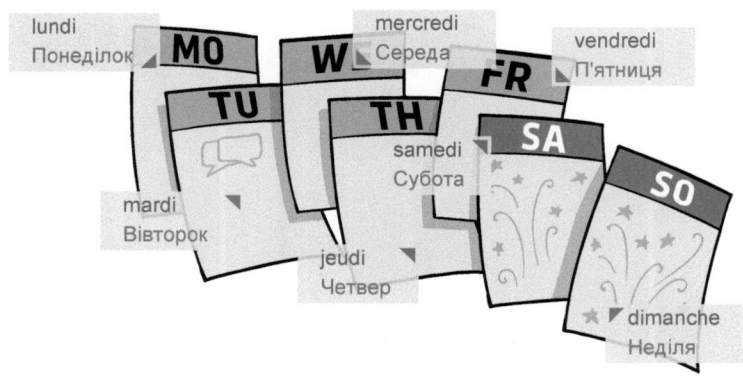

lundi
Понеділок

mercredi
Середа

vendredi
П'ятниця

mardi
Вівторок

samedi
Субота

jeudi
Четвер

dimanche
Неділя

hier

вчора

aujourd'hui

сьогодні

demain

завтра

matin

ранок

midi

опівдні

soir

вечір

MO	TU	WE	TH	FR	SA	SU
1	2	3	4	5	6	7
8	9	10	11	12	13	14
15	16	17	18	19	20	21
22	23	24	25	26	27	28
29	30	31	1	2	3	4

jours ouvrables

робочі дні

MO	TU	WE	TH	FR	SA	SU
1	2	3	4	5	6	7
8	9	10	11	12	13	14
15	16	17	18	19	20	21
22	23	24	25	26	27	28
29	30	31	1	2	3	4

week-end

кінець робочого тижня

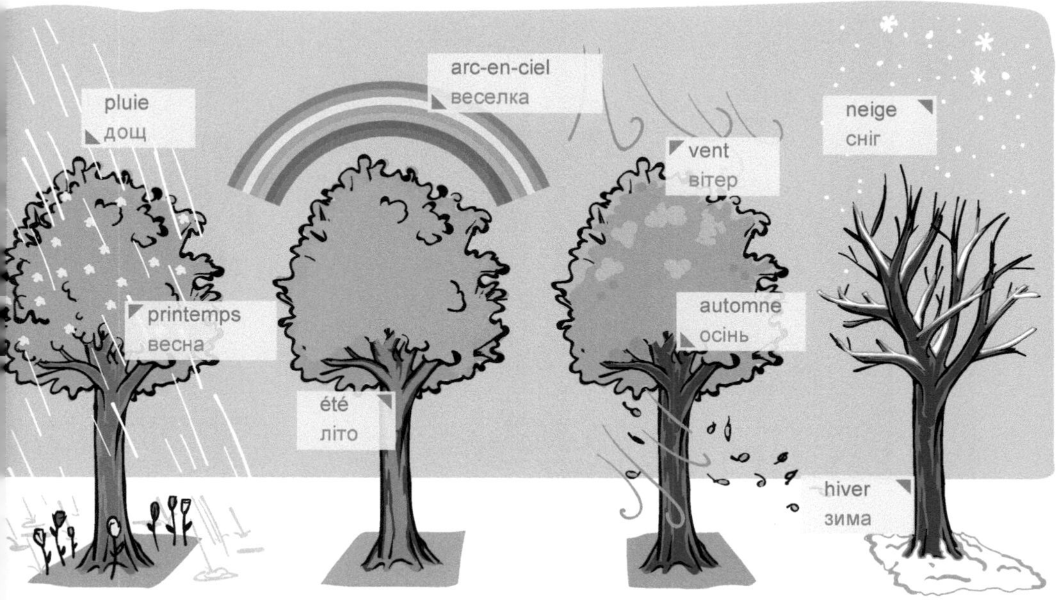

pluie
дощ
arc-en-ciel
веселка
vent
вітер
neige
сніг
printemps
весна
été
літо
automne
осінь
hiver
зима

4.APRIL 11°
5.APRIL 4°
6.APRIL 13°
7.APRIL 8°
8.APRIL 10°

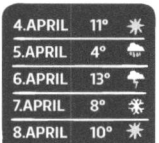

météo

прогноз погоди

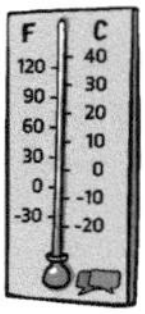

F C
120 90 60 30 0 -30
40 30 20 10 0 -10 -20

thermomètre

термометр

lumière du soleil

сонячне світло

nuage

хмара

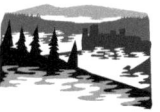

brouillard

туман

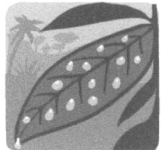

humidité

вологість повітря

foudre

блискавка

tonnerre

грім

tempête

шторм

grêle

град

mousson

мусон

inondation

повінь

glace

лід

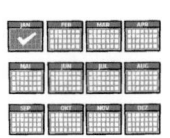

janvier

Січень

février

Лютий

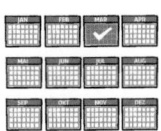

mars

Березень

avril

Квітень

mai

Травень

juin

Червень

juillet

Липень

août

Серпень

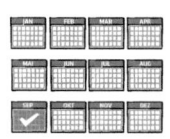

septembre

Вересень

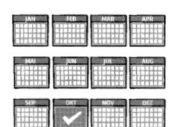

octobre

Жовтень

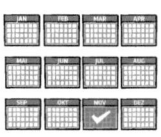

novembre

Листопад

décembre

Грудень

cercle

круг

carré

квадрат

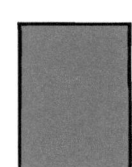

rectangle

прямокутник

triangle

трикутник

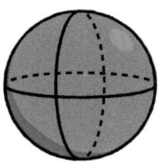

sphère

куля

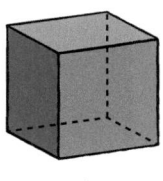

cube

куб

blanc

білий

jaune

жовтий

orange

помаранчевий

rose

рожевий

rouge

червоний

violet

фіолетовий

bleu

синій

vert

зелений

marron

коричневий

gris

сірий

noir

чорний

beaucoup / peu

багато / мало

fâché / calme

лютий / мирний

joli / laid

гарний / бридкий

début / fin

початок / кінець

grand / petit

великий / малий

clair / obscure

світлий / темний

frère / sœur

брат / сестра

propre / sale

чистий / брудний

complet / incomplet

завершений /
незавершений

jour / nuit

день / ніч

mort / vivant

мертвий / живий

large / étroit

широкий / вузький

comestible / incomestible

їстівний / неїстівний

méchant / gentil

злий / дружній

excité / ennuyé

збуджений / нудьгуючий

gros / mince

товстий / тонкий

premier / dernier

спочатку / востаннє

ami / ennemi

друг / ворог

plein / vide

повний / порожній

dur / souple

жорсткий / м'який

lourd / léger

важкий / легкий

faim / soif

голод / спрага

malade / sain

хворий / здоровий

illégal / légal

незаконний / законний

intelligent / stupide

розумний / дурний

gauche / droite

вліво / вправо

proche / loin

поруч / далеко

nouveau / usé

новий / використаний

rien / quelque chose

нічого / щось

vieux / jeune

старий / молодий

marche / arrêt

вкл / викл

ouvert / fermé

відкрито / закрито

faible / fort

тихо / гучно

riche / pauvre

багатий / бідний

correct / incorrect

правильно / неправильно

rugueux / lisse

шорсткий / гладкий

triste / heureux

сумний / щасливий

court / long

короткий / довгий

lent / rapide

повільно / швидко

mouillé / sec

вологий / сухий

chaud / froid

гарячий / холодний

guerre / paix

війна / мир

0 zéro
нуль

1 un
один

2 deux
два

3 trois
три

4 quatre
чотири

5 cinq
п'ять

6 six
шість

7 sept
сім

8 huit
вісім

9 neuf
дев'ять

10 dix
десять

11 onze
одинадцять

12

douze

дванадцять

13

treize

тринадцять

14

quatorze

чотирнадцять

15

quinze

п'ятнадцять

16

seize

шістнадцять

17

dix-sept

сімнадцять

18

dix-huit

вісімнадцять

19

dix-neuf

дев'ятнадцять

20

vingt

двадцять

100

cent

сто

1.000

mille

тисяча

1.000.000

million

мільйон

anglais

англійська

anglais américain

американська англійська

chinois mandarin

китайська
високочиновницька

hindi

хінді

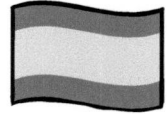

espagnol

іспанська

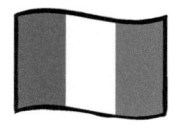

français

французька

arabe

арабська

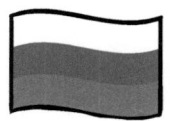

russe

російська

portugais

португальська

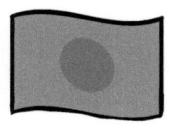

bengali

бенгальська

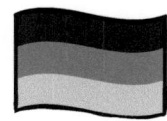

allemand

німецька

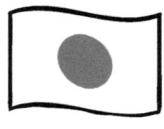

japonais

японська

je

я

tu

ти

il / elle

він / вона / воно

nous

ми

vous

ви

ils / elles

вони

qui?

хто?

quoi?

що?

comment?

як?

où?

де?

quand?

коли?

nom

ім'я

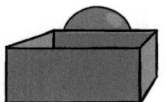

derrière

ззаду

dans

в

devant

перед

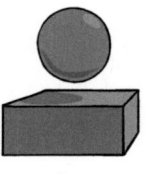

au-dessus

над

sur

на

en-dessous

під

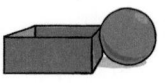

à côté de

біля

entre

між

lieu

місце